„Die Zeitmeister-Formel: Wie du deinen Tag beherrschst und maximale Effizienz erreichst"

Von Thommy Jama

Im Eigenverlag von Thomas Soth

Die Zeitmeister-Formel

Wie du deinen Tag beherrschst und maximale Effizienz erreichst

90-10-Regel: Nutzen Sie 90 % Ihrer Zeit, um ins Handeln zu kommen, und nur 10 %, um zu planen. Denn die wahren Erfolge liegen nicht in der Perfektion deiner Planung, sondern in der Umsetzung.

Impressum

Verlag: Eigenverlag Thomas Soth

Druck: Amazon

Thomas Soth
Alte Pressecker Straße 7
95346 Stadtsteinach

EMail: thomassoth8@gmail.com

Inhaltsverzeichnis

Einleitung
1 - 2

Kapitel 1:   Die Zeitdiagnose – Wo geht
3 - 8   deine Zeit wirklich hin?

Kapitel 2:   Die Macht der Priorisierung
9 - 11

Kapitel 3   Fokus und Ablenkung – So
12 - 15   bleibst du konzentriert

Kapitel: 4   Die optimale Tagesstruktur
16 - 18

Kapitel 5:   Zeitmanagement-Tools und
19 - 22   Techniken

Kapitel 6:   Die Zeitmeister-Gewohnheiten
23 - 30

Kapitel 7:   Work-Life-Balance – Der
31 - 34   Schlüssel zu nachhaltiger
                 Produktivität

Kapitel 8:   Produktivität im Team – Wie
35 - 41   man gemeinsam besser
                 arbeitet

Fazit: Dein Weg zum Zeitmeister
42 - 46

Meine Notizen für Zeitmeister

Einleitung: Warum du deine Zeit noch nicht im Griff hast

Hast du jemals das Gefühl, dass die Tage einfach zu kurz sind, um all deine Aufgaben zu erledigen? Dein Kalender ist voller Termine, deine To-Do-Liste wächst, und dennoch endet jeder Tag damit, dass du dich fragst, wo die Zeit geblieben ist. In der heutigen Welt, in der wir von unzähligen Ablenkungen umgeben sind, ist Zeitmanagement zu einer echten Herausforderung geworden.

Die meisten Menschen glauben, dass Multitasking die Lösung ist – dass man mehr schaffen kann, wenn man mehrere Dinge gleichzeitig erledigt. Aber das ist ein Trugschluss. Studien zeigen, dass unser Gehirn nicht für Multitasking gemacht ist und wir dadurch weniger effizient arbeiten. In der Realität geht es nicht darum, wie viel du gleichzeitig machst, sondern wie effektiv du deine Zeit strukturierst und Prioritäten setzt.

In diesem Buch lernst du, wie du die Kontrolle über deine Zeit zurückgewinnst. Du wirst Techniken und Strategien entdecken, die dir helfen, klarere Prioritäten zu setzen, dich zu fokussieren und mit einem strukturierten Plan dein Leben effizienter zu gestalten. Aber bevor wir uns den Lösungen zuwenden, lass uns einen genaueren Blick darauf werfen, wo deine Zeit aktuell hingeht.

Kapitel 1: Die Zeitdiagnose – Wo geht deine Zeit wirklich hin?

Um deine Zeit besser zu managen, musst du zuerst verstehen, wo sie hingeht. Das mag banal klingen, aber die meisten Menschen haben keinen klaren Überblick darüber, wie viel Zeit sie tatsächlich für bestimmte Aktivitäten aufwenden. Bevor du also mit neuen Strategien beginnst, solltest du eine ehrliche Bestandsaufnahme deiner aktuellen Situation machen.

Der Realitätscheck: Zeit-Tracking als erster Schritt

Der erste Schritt in Richtung besserer Zeiteinteilung ist das Zeit-Tracking. Dabei geht es darum, jede Aktivität über einen bestimmten Zeitraum hinweg zu dokumentieren. Die Idee dahinter ist, dir einen genauen Überblick zu verschaffen, wie viel Zeit du auf jede Aktivität verwendest. Dies kannst du mit einer einfachen Tabelle oder einem digitalen Tool machen.

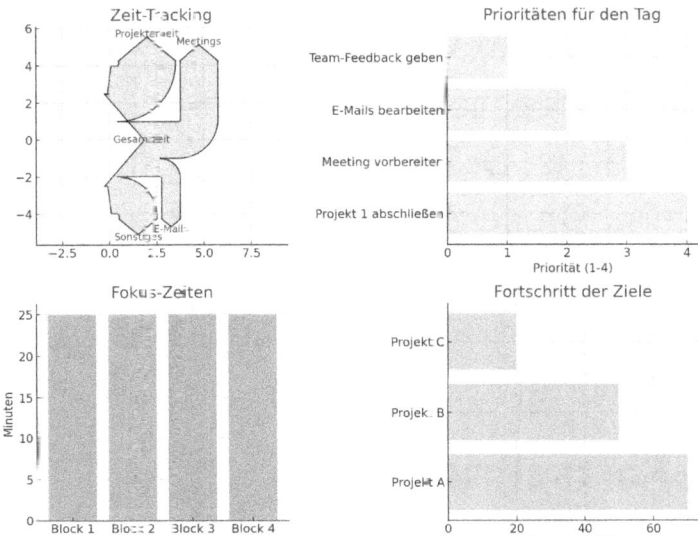

1. Zeit-Tracking:

- "Hier kannst du deinen gesamten Tagesablauf visualisieren und analysieren, wie viel Zeit du für jede Aktivität aufwendest. Verfolge, welche Aktivitäten am meisten Zeit beanspruchen, und identifiziere mögliche Zeitfresser."

2. Prioritätenliste:

- "Diese Liste zeigt die wichtigsten Aufgaben des Tages, sortiert nach ihrer Priorität. Beginne mit der Aufgabe, die den größten Einfluss auf deine Ziele hat."

3. Fokus-Zeiten (Pomodoro-Technik):

- "Plane ungestörte Arbeitsblöcke für tiefes Arbeiten (z. B. 25-minütige Pomodoro-Zeiten). Diese Zeiten sind dafür gedacht, Ablenkungen zu minimieren und volle Konzentration auf eine Aufgabe zu ermöglichen."

4. Ziel-Fortschritt:

- "Verfolge den Fortschritt deiner langfristigen Ziele. Diese Balken zeigen den Prozentsatz der abgeschlossenen Arbeiten an deinen wichtigsten Projekten."

Erklärung der Pomodoro-Technik

Die **Prmodoro-Technik** ist eine beliebte Zeitmanagement-Methode, die 1980 von Francesco Cirillo entwickelt wurde. Sie hilft dir dabei, deine Arbeit in überschaubare Zeitblöcke zu unterteilen, wodurch du dich intensiver auf eine Aufgabe konzentrieren kannst, ohne dich überfordert zu fühlen. Hier ist, wie die Pomodoro-Technik funktioniert:

Grundprinzip:

1. **25 Minuten arbeiten:** Wähle eine Aufgabe aus, die du erledigen möchtest, und stelle einen Timer auf 25 Minuten. Während dieser Zeit fokussierst du dich ausschließlich auf diese eine Aufgabe und vermeidest Ablenkungen.

2. **5 Minuten Pause:** Nach den 25 Minuten machst du eine kurze Pause von 5 Minuten. Diese Zeit nutzt du, um dich zu erholen – stehe auf, strecke dich oder gehe kurz an die frische Luft.

3. **Wiederholen:** Wiederhole diesen Zyklus 4 Mal (4 Pomodori). Das bedeutet, du arbeitest vier Arbeitsblöcke von jeweils 25 Minuten und machst dazwischen kurze 5-Minuten-Pausen.

4. **Längere Pause:** Nach vier Pomodori (ca. 2 Stunden Arbeit) machst du eine längere Pause von 15 bis 30 Minuten, um deine Energie vollständig aufzuladen.

Vorteile der Pomodoro-Technik:

- **Steigerung des Fokus:** Indem du dich für 25 Minuten ausschließlich auf eine Aufgabe konzentrierst, kannst du Ablenkungen minimieren und effizienter arbeiten.

- **Pausen zur Erholung:** Die regelmäßigen Pausen helfen, deine geistige und körperliche Energie aufrechtzuerhalten und Überlastung zu vermeiden.

- **Besseres Zeitgefühl:** Durch die kurzen, klar strukturierten Arbeitsblöcke entwickelst du ein besseres Verständnis dafür, wie lange bestimmte Aufgaben dauern, und kannst deinen Tag realistischer planen.

Tipps zur Anwendung:

- **Timer nutzen:** Verwende einen physischen Timer, eine App oder die Stoppuhr-Funktion deines Handys, um die Zeitblöcke zu überwachen.

- **Ablenkungen vermeiden:** Stelle während der 25-minütigen Arbeitsphase sicher, dass du dich vollständig auf deine Aufgabe konzentrierst. Schalte Benachrichtigungen aus und arbeite in einem ruhigen Umfeld.
- **Flexibilität:** Falls du einmal weniger als 25 Minuten Zeit hast, kannst du kürzere Pomodori einplanen. Die Technik ist flexibel genug, um an deinen Tag angepasst zu werden.

Kapitel 2: Die Macht der Priorisierung

Nachdem du nun eine klare Übersicht über deine Zeit gewonnen hast, geht es darum, wie du deine Aufgaben priorisierst. Erfolgreiches Zeitmanagement hängt nicht nur davon ab, wie du deine Zeit nutzt, sondern vor allem davon, wie du entscheidest, welche Aufgaben du zuerst angehst. Oftmals gehen die größten Fortschritte von wenigen, entscheidenden Aufgaben aus.

Das Eisenhower-Prinzip: Wichtige Aufgaben von dringenden unterscheiden

Ein sehr effektives Werkzeug zur Priorisierung von Aufgaben ist das **Eisenhower-Prinzip**. Dieses Prinzip hilft dir, Aufgaben nach ihrer Dringlichkeit und Wichtigkeit zu sortieren. Es gibt vier Kategorien:

1. **Dringend und wichtig :** Diese Aufgaben haben höchste Priorität und müssen sofort erledigt werden.

2. **Wichtig, aber nicht dringend :** Diese Aufgaben sind strategisch wichtig, aber du kannst sie einplanen, anstatt sie sofort zu erledigen.
3. **Dringend, aber nicht wichtig :** Diese Aufgaben können oft delegiert werden.
4. **Weder dringend noch wichtig :** Diese Aufgaben sind oft ablenkungen und sollten minimiert oder eliminiert werden.

Eisenhower-Quadrant

Wichtig & Dringend	Wichtig & Nicht dringend
Nicht wichtig & Dringend	Nicht wichtig & Nicht dringend

Prioritäten richtig setzen: Die „Weniger-ist-mehr"-Strategie

Es ist einfach, eine lange To-Do-Liste zu erstellen, aber das macht dich nicht produktiver. Eine der effektivsten Strategien ist es, sich auf **wenige, aber entscheidende Aufgaben** zu konzentrieren. Diese Methode stellt sicher, dass du deine Energie in die Aufgaben steckst, die die größten Ergebnisse liefern.

Frage dich jeden Morgen: „Wenn ich heute nur eine Sache erledigen könnte, welche würde den größten Unterschied machen?" Diese Frage hilft dir, deine Prioritäten klar zu setzen.

Kapitel 3: Fokus und Ablenkung – So bleibst du konzentriert

Die Fähigkeit, sich zu fokussieren, ist eine der wichtigsten Komponenten für produktives Arbeiten. In einer Welt voller Ablenkungen kann es jedoch schwierig sein, sich über einen längeren Zeitraum hinweg auf eine einzige Aufgabe zu konzentrieren. In diesem Kapitel wirst du lernen, wie du deine Aufmerksamkeit maximieren und Ablenkungen minimieren kannst.

Fokus-Techniken: Pomodoro, Deep Work und Co.

Es gibt mehrere Techniken, die dir helfen können, deinen Fokus zu verbessern. Zwei der effektivsten Methoden sind die **Pomodoro-Technik** und das Konzept des **Deep Work**.

1. **Pomodoro-Technik**:
    - Diese Methode ist einfach: Du arbeitest in 25-Minuten-Blöcken (Pomodori),

- gefolgt von einer kurzen Pause von 5 Minuten. Nach vier Pomodori machst du eine längere Pause von 15 bis 30 Minuten. Der feste Zeitrahmen hilft dir, deine Konzentration zu steigern und dich auf eine Aufgabe zu fokussieren, ohne dich überlastet zu fühlen.

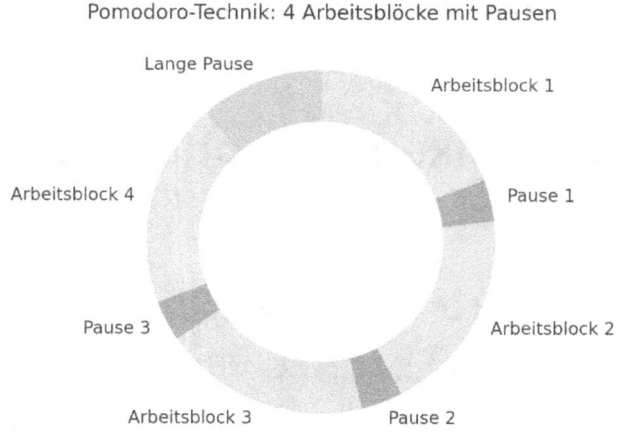

Pomodoro-Technik: 4 Arbeitsblöcke mit Pausen

2. **Konzentrierte Arbeit :**

- Deep Work ist eine Methode, die auf intensives, ungestörtes Arbeiten abzielt. Du blockierst einen Zeitraum, in dem du dich ausschließlich auf eine wichtige Aufgabe konzentrierst, ohne Ablenkungen. Während dieser Zeit solltest du keine E-Mails checken, keine Anrufe beantworten und dich nicht durch soziale Medien ablenken lassen. Deep Work hilft Ihnen, tiefere Denkarbeit zu leisten und komplexe Aufgaben effizienter zu bewältigen.

Wie du Ablenkungen minimierst und deine Aufmerksamkeit maximiert

Einer der größten Feinde des fokussierten Arbeitens ist die ständige Ablenkung – sei es durch E-Mails, Benachrichtigungen, Kollegen oder sogar eigene Gedanken. Hier sind einige Strategien, wie du Ablenkungen reduzierst:

- **Digitale Ablenkungen reduzieren :** Verwende Apps wie **Freedom** oder **Cold Turkey** , die den Zugang zu ablenkenden Websites blockieren, während du arbeitest.

- **Arbeitsumgebung gestalten :**

    Ein aufgeräumter Schreibtisch und eine ruhige Umgebung sind entscheidend für ungestörtes Arbeiten. Überlege, ob du geräuschunterdrückende Kopfhörer verwenden möchtest, um Ablenkungen zu vermeiden.

- **Zeitfenster für Ablenkungen schaffen :**

    Plane spezifische Zeitfenster für E-Mails und andere kleinere Aufgaben ein, um sicherzustellen, dass sie deinen Fokus nicht unterbrechen.

Kapitel 4: Die optimale Tagesstruktur

Um deine Zeit effektiv zu verwalten, brauchst du eine gut durchdachte Tagesstruktur. Ein strukturierter Tag hilft Ihnen, den Überblick über Ihre Aufgaben zu behalten, produktiv zu bleiben und ausreichend Zeit für Pausen und Erholung einzuplanen.

Der perfekte Morgen: Routinen für einen produktiven Start

Der Morgen setzt oft den Ton für den Rest des Tages. Hier sind einige bewährte Routinen, die dir helfen können, deinen Tag produktiv zu beginnen:

1. **Frühes Aufstehen :** Studien zeigen, dass Menschen, die früh aufstehen, oft produktiver sind, da sie ihre wichtigsten Aufgaben erledigen, bevor der Tag richtig losgeht.

2. **Bewegung :** Ein kurzer Spaziergang oder ein paar Minuten Bewegung am Morgen

kann dir helfen, Energie zu tanken und den Kopf freizubekommen.

3. **Planung des Tages :** Nutze die ersten 10 Minuten deines Tages, um deinen Tagesablauf zu planen. Notiere dir die wichtigsten Aufgaben und plane, wann du diese erledigen willst.

Pausen richtig nutzen: Wie Erholung deine Produktivität steigert

Pausen sind wichtig, um deine Produktivität aufrechtzuerhalten. Ohne Pausen kann deine Konzentration nachlassen, und du wirst weniger effizient sein. Die **Pomodoro-Technik,** die du bereits kennengelernt hast, ist ein hervorragendes Beispiel für eine Methode, wie du regelmäßige Pausen einplanen kannst.

Tipps für effektive Pausen:

- **Kurze, aktive Pausen :** Versuche, während deiner Pausen aufzustehen und dich zu bewegen. Das hilft, deinen Kreislauf in Schwung zu bringen und neue Energie zu tanken.

- **Digitale Auszeiten :** Vermeide es, deine Pausen am Handy oder vor dem Computer zu verbringen. Gönn dir eine echte Auszeit vom Bildschirm.

Dein Tagesabschluss: Reflexion und Vorbereitung auf morgen

Am Ende des Tages ist es hilfreich, eine kurze **Reflexion** über deinen Tag zu machen:

- **Was habe ich heute erreicht?**
- **Welche Aufgaben bleiben für morgen?**
- **Gab es Hindernisse oder Ablenkungen, und wie kann ich diesen Morgen vermeiden?**

Diese Reflexion hilft dir, den Tag abzuschließen und deine Gedanken für den nächsten Tag zu sortieren.

Kapitel 5: Zeitmanagement-Tools und Techniken

Es gibt eine Vielzahl von Tools und Techniken, die Ihnen dabei helfen können, Ihre Zeit effizienter zu verwalten. Von digitalen Helfern bis hin zu klassischen Methoden – je nach deinen Bedürfnissen und Fähigkeiten kannst du das passende Tool wählen, um deinen Alltag zu optimieren.

Digitale Tools vs. Analoge Methoden: Was für wen funktioniert

Digitale Tools:

1. **Todoist** : Eine To-Do-Listen-App, die sich für die Planung von täglichen Aufgaben und Projekten eignet.
2. **Trello** : Ein visuelles Projektmanagement-Tool, das sich gut für Teamarbeit eignet und Aufgaben in Karten und Listen organisiert.

3. **Google Kalender :** Perfekt für die Planung von Terminen und das Setzen von Erinnerungen.

Analoge Methoden:

Wenn du lieber auf Papier arbeitest oder digitale Tools für dich zu unübersichtlich sind, gibt es einige bewährte analoge Methoden:

1. **Bullet Journal :** Eine flexible, handschriftliche Methode, um To-Do-Listen zu führen und den Tag zu planen.
2. **Notizbücher :** Ein einfaches Notizbuch kann Wunder wirken, um deine Aufgaben zu strukturieren und wichtige Termine festzuhalten.

Effektive Planung mit der 90-10-Regel

Die 90-10-Regel besagt, dass du 90 % deiner Zeit für die Umsetzung von Aufgaben verwenden solltest und nur 10 % für die Planung. Dies verhindert, dass du zu viel Zeit auf die Planung verwendest und zu wenig auf die tatsächliche Erledigung deiner Aufgaben

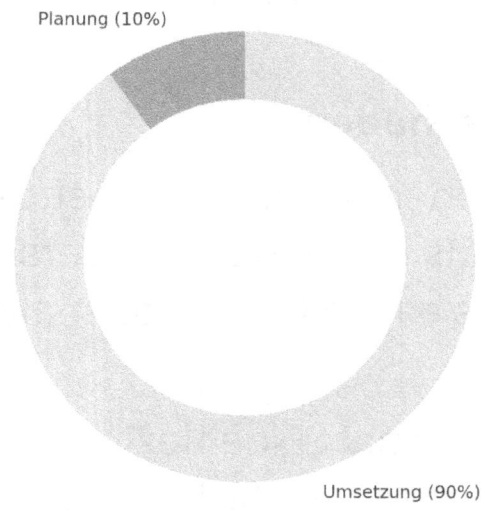

Task-Management-Systeme: Von To-Do-Listen bis Kanban-Boards

Ein gutes **Task-Management-System** hilft dir dabei, deine Aufgaben übersichtlich zu organisieren. Hier sind zwei der beliebtesten Methoden:

1. **To-Do-Listen:** Eine einfache, aber effektive Methode, um tägliche Aufgaben zu notieren und sie nach Prioritäten zu ordnen. Du kannst To-Do-Listen digital oder auf Papier führen.

2. **Kanban-Boards**: Diese Methode eignet sich besonders gut für die Arbeit an größeren Projekten. Aufgaben werden auf einem Board in Kategorien wie "Zu erledigen", "In Bearbeitung" und "Erledigt" aufgeteilt. So behältst du den Fortschritt immer im Blick.

Kapitel 6: Die Zeitmeister-Gewohnheiten

Der Schlüssel zu langfristigem Erfolg liegt nicht nur in der einmaligen Anwendung von Techniken, sondern in der Entwicklung von **produktiven Gewohnheiten.** Gewohnheiten helfen dir, deine Produktivität zu automatisieren, sodass du weniger Energie darauf verwenden musst, motiviert zu bleiben. Sie schaffen eine Struktur, die dich auch an stressigen Tagen durch den Alltag trägt.

Wie du produktive Gewohnheiten entwickelst

Es braucht Zeit, eine neue Gewohnheit zu entwickeln. Forschungen zeigen, dass es durchschnittlich **66 Tage** dauert, bis eine Handlung zur festen Routine wird. Hier sind die Schritte, um produktive Gewohnheiten zu entwickeln:

1. **Klein anfangen:** Setze dir zu Beginn einfache und realistische Ziele. Statt dir vorzunehmen, täglich zwei Stunden an einem Projekt zu arbeiten, beginne mit 30 Minuten. Kleine Erfolge motivieren dich, weiterzumachen.

2. **Beständigkeit ist der Schlüssel:** Der wichtigste Faktor bei der Entwicklung von Gewohnheiten ist die Regelmäßigkeit. Versuche, deine neue Routine täglich zur gleichen Zeit zu wiederholen, um eine Gewohnheit aufzubauen.

3. **Trigger und Belohnungssystem:** Finde einen Auslöser, der deine neue Gewohnheit unterstützt, und belohne dich nach dem erfolgreichen Abschluss. Ein Beispiel: Wenn du morgens immer nach dem Frühstück einen Arbeitsblock einlegst, wird das Frühstück dein „Trigger" und der erfolgreiche Arbeitsblock deine Belohnung.

Kleine Schritte, große Wirkung: Die 1%-Regel

Die **1%-Regel** ist eine einfache, aber kraftvolle Idee: Wenn du jeden Tag 1 % besser wirst, machst du langfristig enorme Fortschritte. Anstatt sich auf sofortige, große Veränderungen zu konzentrieren, zielt die 1%-Regel darauf ab, jeden Tag kleine Verbesserungen vorzunehmen. Diese kontinuierlichen kleinen Schritte summieren sich zu großen Erfolgen.

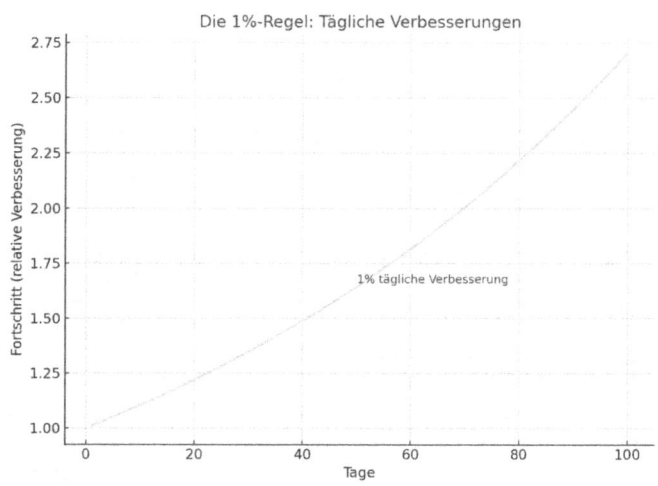

Kontinuität über Perfektion: Wie du auch an schlechten Tagen dranbleibst

Es wird Tage geben, an denen du dich nicht motiviert fühlst oder unerwartete Ereignisse eintreten. In diesen Momenten ist es wichtig, dass du dich auf die **Kontinuität** konzentrierst, anstatt Perfektion anzustreben. Du musst nicht jeden Tag 100 % geben, aber wenn du an schlechten Tagen zumindest einen kleinen Schritt machst, bleibt deine Gewohnheit erhalten.

So kannst du die 1%-Regel anwenden:

1. Kleine tägliche Ziele setzen:

   - Anstatt große, überwältigende Ziele zu verfolgen, setzt du dir kleine, erreichbare Tagesziele. Beispielsweise könntest du dir vornehmen, heute nur eine bestimmte Aufgabe 1 % besser oder schneller zu erledigen als am Vortag.

- Beispiele:
  - Lerne jeden Tag nur ein paar neue Vokabeln, anstatt alles auf einmal zu lernen.
  - Lies täglich 5 Seiten eines Buches, statt dich zu zwingen, das ganze Buch in einer Woche zu lesen.
  - Verbessere deine Zeit für eine bestimmte Aufgabe (z.B. 5 Minuten schneller mit einer Präsentation fertig sein).

2. **Kontinuierliche Fortschritte:**
   - Kontinuität ist der Schlüssel zur 1%-Regel. Es geht darum, jeden Tag ein kleines bisschen besser zu werden. Selbst an Tagen, an denen du keine Zeit hast, kannst du kleine Fortschritte machen.
   - Wichtig ist es, dran zu bleiben und den Fortschritt regelmäßig zu messen, damit du den Effekt der kleinen Schritte auch erkennst.

3. **Langfristige Erfolge planen:**
   - Die 1%-Regel hilft dir, langfristige Ziele ohne Überforderung zu erreichen. Statt dich auf kurzfristige und dramatische Veränderungen zu konzentrieren, führt der Ansatz zu nachhaltigen Ergebnissen.
   - Beispiel: Wenn du jeden Tag nur 1 % mehr Sport machst oder deine Ernährung um 1 % verbesserst, wirst du in einem Jahr eine spürbare Verbesserung deines Wohlbefindens feststellen.

4. **Wissenschaftlicher Hintergrund:**
   - Die 1%-Regel basiert auf dem Prinzip de Zinseszinseffekts. Genauso wie beim Ge wo Zinsen sich auf den ursprünglichen Betrag aufbauen, so bauen sich kleine Verbesserungen aufeinander auf.

- Wenn du dich jeden Tag um 1 % verbesserst, bedeutet das, dass du nach 70 Tagen deine Leistung fast verdoppelt hast (aufgrund der exponentiellen Zunahme).

Beispiel: Wie die 1%-Regel im Arbeitsalltag angewendet werden kann

Angenommen, du möchtest deine Produktivität bei der Arbeit steigern. Hier sind ein paar Möglichkeiten, wie du die 1%-Regel anwenden könntest:

- **Zeitmanagement**: Beginne damit, deinen Arbeitstag um 1 % effizienter zu gestalten, indem du 5 Minuten früher anfängst oder eine kleine zusätzliche Aufgabe erledigst.

- **E-Mail-Management**: Reduziere die Zeit, die du für das Lesen und Beantworten von E-Mails aufwendest, um 1 % jeden Tag.

- **Fähigkeiten verbessern:** Jeden Tag liest du einen Fachartikel oder lernst eine neue Funktion eines Tools, das du regelmäßig nutzt.

Kapitel 7: Work-Life-Balance – Der Schlüssel zu nachhaltiger Produktivität

Eine gute Work-Life-Balance ist entscheidend, um langfristig produktiv und gesund zu bleiben. Ohne die richtige Balance zwischen Arbeit und Freizeit riskierst du, auszubrennen oder deine Lebensqualität zu beeinträchtigen. In diesem Kapitel lernst du, wie du deine Arbeit und dein Privatleben besser in Einklang bringen kannst, um nachhaltige Produktivität zu erreichen.

Warum Balance kein Mythos ist

Viele glauben, dass eine perfekte Work-Life-Balance nicht möglich ist – besonders in einer Welt, die immer schneller und anspruchsvoller wird. Doch Balance bedeutet nicht, dass du immer alles perfekt unter Kontrolle haben musst. Stattdessen geht es darum, regelmäßig Zeit für dich selbst, deine Familie und Freunde sowie deine persönlichen Interessen zu schaffen.

- **Flexibilität statt starrer Regeln:** Eine flexible Herangehensweise hilft dir, auf die Anforderungen des Lebens zu reagieren, ohne dabei aus der Balance zu geraten.

- **Prioritäten setzen**: Bestimme, was für dich wichtig ist – sowohl beruflich als auch privat – und plane deine Zeit dementsprechend.

Die Bedeutung von Pausen und Erholung

Deine Produktivität hängt stark von deinen Erholungsphasen ab. Regelmäßige Pausen während der Arbeit, aber auch längere Auszeiten wie Wochenenden und Urlaube, sind entscheidend, um deine Energiereserven wieder aufzufüllen.

Tipps für erholsame Pausen:

1. **Mikropausen**: Alle 90 Minuten eine 5- bis 10-minütige Pause einlegen, um den Kopf freizubekommen.

2. **Regelmäßige Bewegung:** Auch kleine Bewegungseinheiten, wie ein kurzer Spaziergang, können die geistige Leistungsfähigkeit fördern.

3. **Digitale Entgiftung:** Trenne dich für eine bestimmte Zeit von deinem Handy oder Laptop, um dir eine echte Pause zu gönnen.

Produktivität und Lebensqualität in Einklang bringen

Es gibt viele Wege, wie du deine Produktivität und deine Lebensqualität harmonisieren kannst. Hier sind einige Ansätze:

- **Arbeitszeit und Freizeit bewusst trennen:** Setze klare Grenzen zwischen Arbeits- und Freizeit. Arbeite nicht ständig nach Feierabend oder am Wochenende.

- **Multitasking vermeiden:** Konzentriere dich auf eine Aufgabe zur Zeit, sowohl bei der Arbeit als auch im Privatleben. So kannst du deine Zeit effizienter nutzen.

- **Selbstfürsorge:** Plane bewusst Zeit für Aktivitäten ein, die dich entspannen und deine geistige und körperliche Gesundheit fördern, wie Sport, Hobbys oder Meditation.

Kapitel 8: Produktivität im Team – Wie man gemeinsam besser arbeitet

Die Zusammenarbeit in einem Team kann entweder ein großer Produktivitätsboost sein oder zu Verzögerungen und Missverständnissen führen. In diesem Kapitel wirst du lernen, wie du mit deinem Team besser zusammenarbeitest, um gemeinsame Ziele zu erreichen, ohne dabei Zeit oder Energie zu verschwenden.

Effektive Kommunikation im Team

Eines der wichtigsten Elemente für ein produktives Team ist eine klare und effiziente Kommunikation. Fehlkommunikation ist oft die Ursache für verzögerte Projekte und Missverständnisse. Hier sind einige Ansätze, um die Kommunikation zu verbessern:

1. **Regelmäßige Meetings:** Kurze, regelmäßige Team-Meetings (z. B. wöchentliche Stand-up-Meetings) sind wichtig, um sicherzustellen, dass alle auf dem gleichen Stand sind.

- **Tipp**: Halte Meetings kurz und prägnant. Fokus auf die wichtigsten Updates und nächste Schritte.

2. **Transparente Kommunikationstools:** Tools wie **Slack**, **Microsoft Teams** oder **Trello** helfen, den Informationsfluss im Team transparent und nachvollziehbar zu halten.
    - **Tipp**: Stelle sicher, dass alle Teammitglieder wissen, wie sie die Tools richtig nutzen, um ihre Arbeit und den Fortschritt zu kommunizieren.
3. **Offene Feedback-Kultur:** Ermutige dein Team, regelmäßig Feedback zu geben. Eine Kultur, in der Feedback konstruktiv und respektvoll ausgetauscht wird, hilft dabei, mögliche Probleme frühzeitig zu erkennen und anzugehen.

Zeitmanagement für Meetings

Meetings sind häufig Zeitfresser, besonders wenn sie schlecht organisiert sind.

Hier sind einige Tipps, wie du Meetings effizienter gestalten kannst:

1. **Agenda festlegen:** Jedes Meeting sollte eine klare Agenda haben. Dies stellt sicher, dass das Meeting fokussiert bleibt und die wichtigen Punkte behandelt werden.

2. **Zeiten strikt einhalten:** Setze eine feste Dauer für jedes Meeting und halte dich daran. Ein 30-Minuten-Meeting sollte nicht eine Stunde dauern.

3. **Meeting-Protokolle:** Notiere die wichtigsten Punkte und Aufgaben, die aus dem Meeting hervorgehen. Diese Protokolle sollten nach dem Meeting an alle Teilnehmer verteilt werden, um Missverständnisse zu vermeiden.

Effizienter Meeting-Zeitplan (30 Minuten)

Schlussfolgerungen (5 min)   Begrüßung (5 min)

ıfgabenverteilung (10 min)   Agenda-Diskussion (10 mi

Delegation als Produktivitätsbooster

Eine der größten Herausforderungen für Teamleiter und Projektmanager ist es, Aufgaben richtig zu delegieren. Wenn Aufgaben effizient verteilt werden, steigt die Produktivität des gesamten Teams.

1. **Die Stärken des Teams kennen:** Delegiere Aufgaben basierend auf den Stärken und Kompetenzen der Teammitglieder. Jemand, der ein Talent für Analysen hat, sollte eher für Zahlen verantwortlich sein, während kreative Köpfe sich auf Designaufgaben konzentrieren können.

2. **Vertrauen aufbauen:** Vertraue darauf, dass die Aufgaben von den jeweiligen Teammitgliedern gewissenhaft erledigt werden. Mikromanagement kann die Produktivität behindern.

3. **Klare Erwartungen setzen:** Kommuniziere klar, was von jedem Teammitglied erwartet wird, welche Deadlines es gibt und wie die Ergebnisse aussehen sollten.

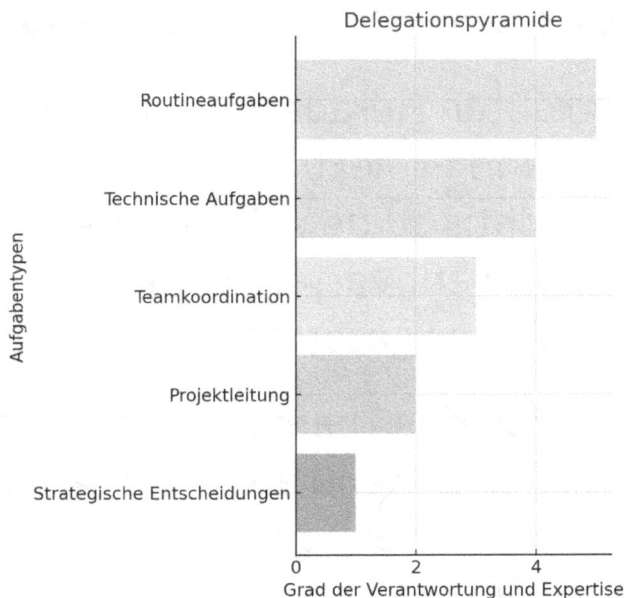

Zeitmanagement für Teams

Wenn mehrere Personen an einem Projekt arbeiten, ist gutes Zeitmanagement unerlässlich. Hier sind einige Methoden, wie du die Teamproduktivität maximieren kannst:

1. **Verwendung von Projektmanagement-Tools**: Tools wie **Asana**, **Trello** oder **Jira** helfen Teams, Aufgaben zu verteilen, Deadlines festzulegen und den Fortschritt zu verfolgen.

2. **Zeitblockierung für Teamprojekte:** Setze feste Zeitfenster für gemeinschaftliche Arbeit, bei der sich alle Teammitglieder auf eine spezifische Aufgabe konzentrieren, z. B. einen gemeinsamen Brainstorming-Block.

3. **Prioritäten setzen:** Ein klarer Überblick über die Prioritäten des Teams hilft dabei, sich auf die wichtigsten Aufgaben zu konzentrieren und Ablenkungen zu vermeiden.

Fazit: Wie du die Teamarbeit verbessern kannst

1. **Klarheit in Kommunikation, Zielen und Rollen:** Schaffe Transparenz und stelle sicher, dass alle Teammitglieder genau wissen, was von ihnen erwartet wird.

2. **Effiziente Nutzung von Meetings und Tools:** Verwende Meetings und Tools, um die Teamarbeit zu koordinieren und den Überblick zu behalten, ohne Zeit zu verschwenden.

3. **Vertrauen und Unterstützung fördern:** Baue ein Umfeld auf, das Vertrauen, Offenheit und eine unterstützende Haltung fördert.

Fazit: Dein Weg zum Zeitmeister

In den vorangegangenen Kapiteln hast du eine Vielzahl von Techniken, Strategien und Tools kennengelernt, um deine Zeit optimal zu nutzen und deine Produktivität zu maximieren. Jetzt ist es an der Zeit, diese Erkenntnisse in die Tat umzusetzen und deinen Alltag in die richtige Balance zu bringen.

Zusammenfassung der Schlüsselkonzepte

1. **Zeitdiagnose:** Verstehe, wo deine Zeit aktuell hingeht, indem du sie trackst und Zeitfresser identifizierst.

2. **Priorisierung:** Setze deine wichtigsten Aufgaben an die erste Stelle. Nutze Tools wie das Eisenhower-Prinzip, um Wichtige von dringenden Aufgaben zu unterscheiden.

3. **Fokus:** Lerne, wie du deine Konzentration maximierst und Ablenkungen minimierst. Techniken wie Pomodoro und Deep Work helfen dir dabei.

4. **Tagesstruktur:** Baue eine produktive Tagesroutine auf, die regelmäßige Pausen und Erholungsphasen integriert, um nachhaltig produktiv zu bleiben.

5. **Tools und Techniken:** Setze auf digitale oder analoge Zeitmanagement-Tools, die dir helfen, deine Aufgaben und Projekte zu organisieren und nachzuhalten.

6. **Gewohnheiten aufbauen:** Entwickle kontinuierlich produktive Gewohnheiten mit kleinen, aber nachhaltigen Schritten, wie der 1%-Regel.

7. **Work-Life-Balance:** Halte deine Arbeit und dein Privatleben im Gleichgewicht, um langfristig gesund und produktiv zu bleiben.

8. **Teamarbeit:** Verbessere die Zusammenarbeit im Team durch klare Kommunikation, transparente Ziele und effektives Delegieren.

Langfristige Produktivität: Wie du dauerhaft effizient bleibst

Produktivität ist keine einmalige Angelegenheit, sondern ein fortlaufender Prozess. Es wird Tage geben, an denen du weniger schaffst, und das ist in Ordnung. Das Wichtigste ist, dass du dich nicht entmutigen lässt und kontinuierlich an deinen Zielen arbeitest. Hier sind einige Tipps, um langfristig produktiv zu bleiben:

1. **Regelmäßig reflektieren:** Überprüfe deinen Fortschritt regelmäßig. Stelle dir die Frage, ob du deine Zeit sinnvoll nutzt und ob es Bereiche gibt, die du weiter optimieren kannst.

2. **Pausen machen und Erholung ernst nehmen:** Vermeide es, dich zu überarbeiten.

Deine Produktivität hängt stark davon ab, wie gut du dich erholst. Plane bewusste Pausen und Zeiten zur Erholung ein.

3. **Neue Techniken ausprobieren:** Es gibt immer wieder neue Zeitmanagement-Methoden, die dir helfen können, noch effizienter zu arbeiten. Sei offen dafür, neue Dinge auszuprobieren und deine Routinen anzupassen.

4. **Geduld und Flexibilität:** Denke daran, dass Produktivität Zeit braucht und du geduldig mit dir selbst sein solltest. Bleib flexibel und passe deine Methoden an deine aktuellen Bedürfnisse und Lebensumstände an.

Der erste Schritt: Wie du heute beginnen kannst

Jetzt liegt es an dir. Du hast alle Werkzeuge, die du brauchst, um deinen Tag besser zu organisieren und dein Leben effizienter zu gestalten.

Beginne damit, eine kleine Veränderung umzusetzen – sei es, deine Zeit zu tracken, Prioritäten zu setzen oder deine tägliche Routine zu verbessern. Kleine Schritte führen zu großen Erfolgen.

Mein Tagesplaner

Meine Ziele

Meine erreichten Ziele